# 中老年人零基础学杨氏太极拳

（大字图解视频学习版）

太极拳世界冠军
高崇
编著

人民邮电出版社
北京

图书在版编目（CIP）数据

中老年人零基础学杨氏太极拳 ： 大字图解视频学习版 / 高崇编著. -- 北京 ： 人民邮电出版社, 2022.4（2024.1重印）
ISBN 978-7-115-56237-1

Ⅰ. ①中… Ⅱ. ①高… Ⅲ. ①太极拳－图解 Ⅳ. ①G852.11-64

中国版本图书馆CIP数据核字(2021)第055055号



## 内容提要

本书是为中老年人学习太极拳而专门设计的“大字版”指导书，由太极拳世界冠军高崇示范。本书在介绍杨氏太极拳的基本体式与手型及基本步型的基础上，以400余幅高清连拍图结合细致的文字说明的方式，对杨氏24式太极拳连贯套路进行了讲解，无论是热爱太极拳的入门级练习者，还是资深选手，都可以从本书中找到想要的知识和技法。

♦ 编　　著　高　崇
责任编辑　林振英
责任印制　马振武

♦ 人民邮电出版社出版发行　　北京市丰台区成寿寺路11号
邮编　100164　　电子邮件　315@ptpress.com.cn
网址　https://www.ptpress.com.cn
北京虎彩文化传播有限公司印刷

♦ 开本：700×1000　1/16
印张：8.75　　2022年4月第1版
字数：126千字　　2024年1月北京第2次印刷

定价：35.00元

读者服务热线：(010)81055296　印装质量热线：(010)81055316
反盗版热线：(010)81055315
广告经营许可证：京东市监广登字20170147号

# 本书使用说明 »

动作名称

每一式动作的编号及名称。

» 第十一式　单鞭

1 屈臂托掌

2 转体立掌

两腿屈膝微蹲，右手经脸前画弧至右侧，与头部同高并立掌；同时左手向下画弧转至腹前，身体顺势转向右侧。

3 转体画弧

4 翻掌勾手

左手由腹前画弧至右胸前，搭于右手手腕下；右手立掌保持不变，与头部同高。随之右手翻掌转变为勾手。

第4章　杨氏24式太极拳套路图解

113

动作描述

分解动作的描述文字，方便读者对照练习。

步骤编号和动作概述

对动作进行分步骤编号，并概述要点，以方便读者领悟动作要点。

运动轨迹图标

对动作运动轨迹的标注，有助于读者了解动作运动的方向和角度等。

# 在线视频观看说明 »

请按照以下步骤获取在线视频。

步骤一：

打开手机微信“扫一扫”。

步骤二：

扫描右侧的二维码。

扫描二维码观看
杨氏 24 式太极拳

步骤三：

1. 若您已经关注“人邮体育”微信公众号，可直接观看视频；

2. 若您尚未关注“人邮体育”微信公众号，将进入左图所示的界面。

请长按该二维码进入并关注“人邮体育”微信公众号，然后将直接进入资源获取界面。点击“资源详情”，即可观看视频。

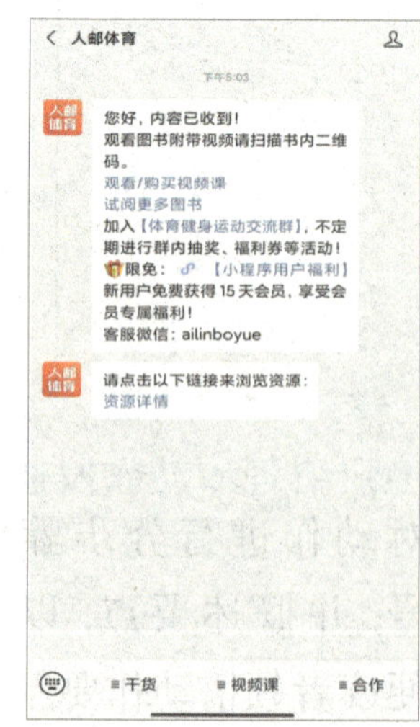

# 目录

## 第 1 章 杨氏太极拳的基本体式与手型



## 第 2 章 杨氏太极拳的基本步型



## 第 3 章 杨氏太极拳基本动作分解练习



## 第 4 章 杨氏 24 式太极拳套路图解

# 杨氏太极拳的基本体式与手型

杨氏太极拳是一种历史悠久的拳术，也是太极拳的重要流派之一。本章对杨氏太极拳的基本体式与手型进行介绍，其中手型包括拳、掌及勾手等。

# » 基本体式

太极拳的身形要求有“立身中正安舒，八面支撑”“虚领顶劲，含胸拔背”“立如秤准，活似车轮”“上悬中松下沉”等。



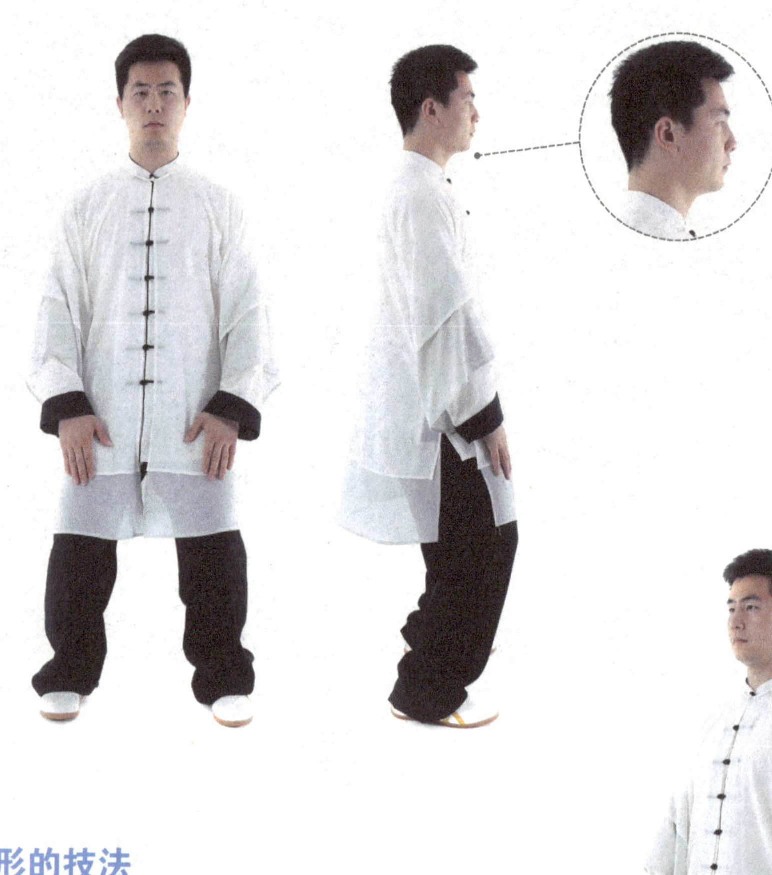

## ● 身形的技法

太极拳静态身形的基本技法是“立身中正安舒”。

太极拳动态身形的基本技法是“上悬中松下沉”。

## ● 太极拳的要求

太极拳是一项整体运动。

要求“一动无有不动，二静无有不静”，通过整体运动，达到整体发力的目的。

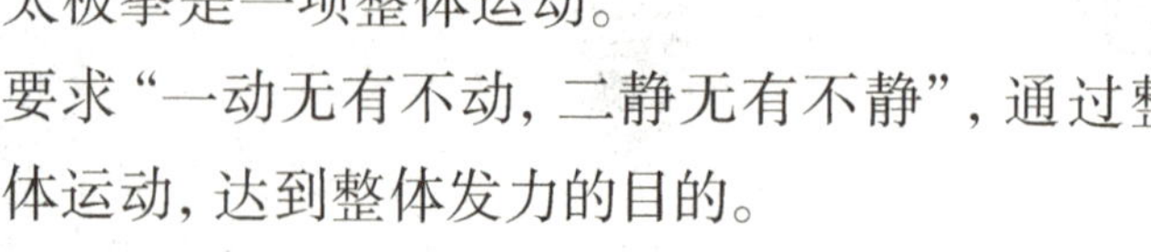

## 拳

太极拳的握拳形式为：四指并拢弯曲，指尖贴于手掌心，然后拇指卷曲，贴于食指与中指中节上，握成拳形。

### 出拳的要求

出拳时，腕部不能软，拳顶不能上撩，也不能下压，必须是直腕，否则出重力时很可能会误伤自己。

### 如何出拳

拳论有“蓄势散手，着人成拳”之说。也就是说，在蓄劲时要虚握拳，在发力着人的一瞬间成拳，力贯拳顶。

# » 掌

五指略舒微屈、指间略离、手掌心微凹。

五指自然伸展，互不靠拢，也不要太开，以掌宽为度。拇指自然保持竖直，手掌心不可太凹，也不可张开太大，以自然舒展为度。

## ● 如何出掌

古人说："太极拳的出掌，掌心也是空的；五指略舒，不可挺直，掌意含虚，以有灵活性为宜；其意义是为了便于变动，此谓之自然掌。"

# » 勾手

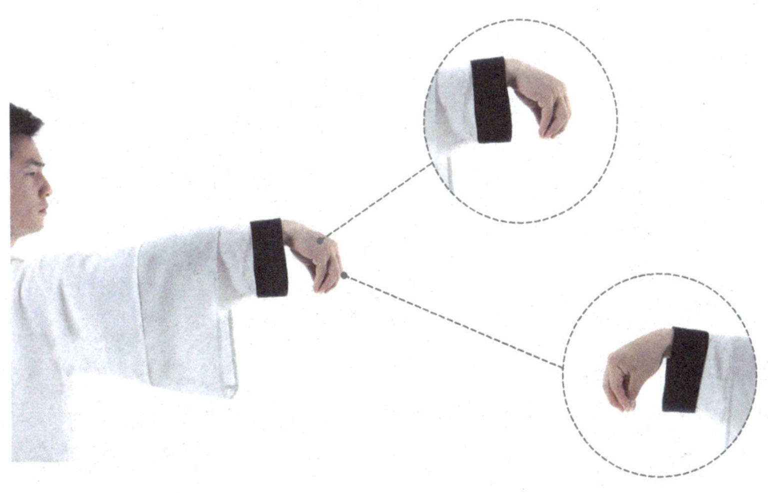

勾手也叫吊手。做法是五指下垂并拢，拇指、食指、中指指尖轻合。手心要空，腕部自然舒展。

## ● 勾手的作用

勾手有抓筋、拿脉、锁骨、截劲等作用和功效，使被“勾”者痛彻肺腑，有深透入骨之感。勾手可以锻炼腕部的旋转，勾手的练习中含有刁手、擒拿手与解脱擒拿的方法。在套路练习中，勾手动作的意义不可忽视。

# 杨氏太极拳的基本步型

杨式太极拳先师杨澄甫在《太极拳十要》中论述“上下相随”时认为，太极拳“其根在脚，发于腿，主宰于腰，形于手指，由脚而腿而腰，总须完整一气也”。这说明了步型在杨氏太极拳中的重要性。

# » 马步

## ● 蹲马步的方法

两脚开立下蹲，间距 2~3 脚掌宽，两脚外撇约 30 度。然后腰胯发力，使两膝下沉，成半蹲状态。两膝与脚尖的方向相同，膝盖不可超过脚尖。

两膝与脚尖方向相同，膝盖不可超过脚尖。

## ● 蹲马步的要求

蹲马步时要求练习者静气凝神，呼吸顺畅，并保持身体平稳。

# » 弓步

## ● 弓步的开步方法

一只脚向前方迈一大步，为脚长的 4~5 倍，同时膝盖弯曲，大腿接近水平，小腿与地面垂直，另一条腿挺膝伸直。两脚全脚掌着地，上半身正对前方。左腿在前为左弓步，右腿在前为右弓步。

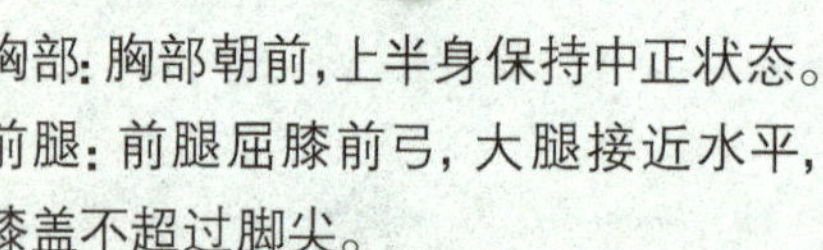

胸部：胸部朝前，上半身保持中正状态。
前腿：前腿屈膝前弓，大腿接近水平，膝盖不超过脚尖。
背部：背部保持直挺，由腰胯用力向前推送，动作忌生硬。

后腿自然蹬直，脚跟外展，脚尖斜向前方约 45 度。

## ● 做弓步的要求

弓步是太极拳的一个基本步型，俗称弓箭步，演练中经常使用。做弓步时后脚在前脚的侧后方，同时前腿膝盖不能超过脚尖。

# 虚步

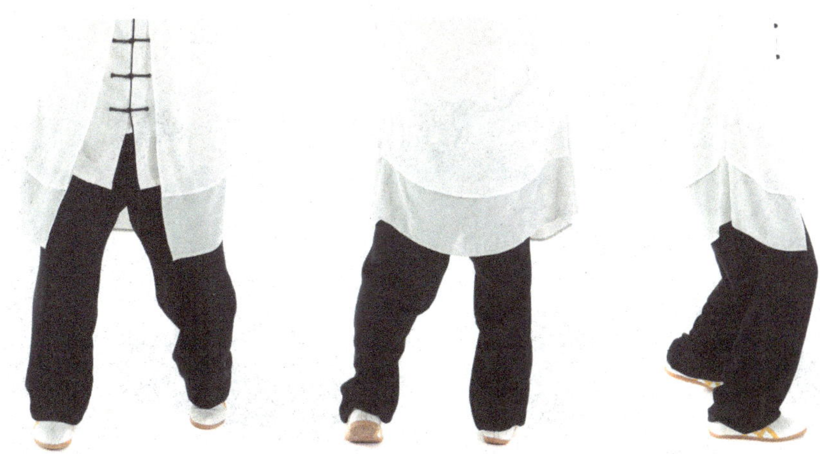

## 做虚步的方法

一条腿屈膝半蹲，身体重心在下蹲腿上；另一只脚跨半步，脚尖或者前脚掌虚点地。虚步强调屈膝坐实。

## 做虚步的要求

虚步是太极拳里的基本步型之一，动作要求：重心移至支撑腿上，非支撑腿膝盖上提，或者脚尖着地，又或者前脚掌着地。

# » 仆步

## ● 做仆步的方法

一条腿全蹲，膝盖与脚尖稍外撇；另一条腿自然伸直，接近地面，脚尖内扣。两脚着地，两腿左右移动变步，动作不要太快，臀部在移动时尽量贴近地面。

## ● 做仆步的要求

仆步是太极拳里常见的步型。仆步的动作要领：挺胸、塌腰、沉髋；一条腿伸直，另一条腿深蹲。做仆步时一定要保持身体的平衡。

# » 歇步

## ● 做歇步的方法

两腿交叉，前后腿相叠，屈膝全蹲；后膝接近前膝窝。前脚全脚掌着地。后脚前脚掌着地，脚跟离地，臀部接近脚跟。

两脚距离大约为一只脚的长度。

## ● 做歇步的步骤

两脚并拢站直，然后抬一只脚后移至另一只脚后方；待两腿交叉后，稳定两脚，使身体下压，两腿盘曲下压；将全身的重量完全压至下盘，上半身保持自然竖直。

# 第3章 杨氏太极拳基本动作分解练习

练习太极拳时可以把所有动作拆开来学习，这样更便于记忆与理解。本章介绍太极拳的身体动作分解。

# » 上半身基本动作练习

## 一 起势

1 身体直立

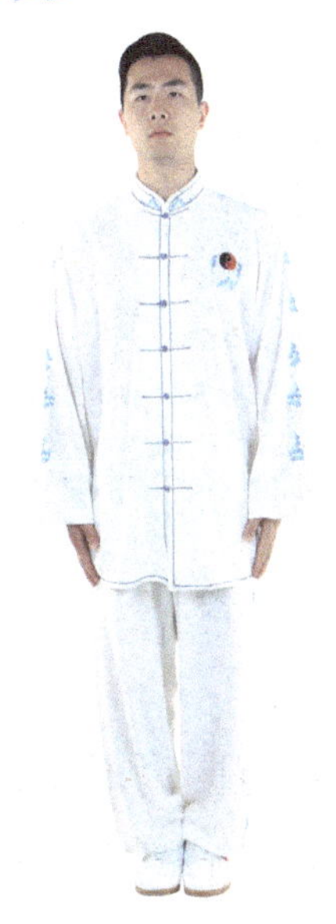

2 开步站立

身体自然直立，两脚并拢，脚尖向前；两臂自然下垂，两手放在大腿外侧；眼睛平视前方。左脚抬起迈向左侧大约一步距离。

3 两臂前抬

4 落手屈蹲

两臂向前平举，慢慢抬起，抬至与肩同高。两手缓缓落下至腹前，同时两腿微屈；手掌心向下，眼睛平视前方。

# 二　抱球

身体自然站立，两脚并拢。两臂缓缓上抬至与肩同高，两手手掌心向下；同时左脚迈出，两脚的距离与肩同宽。左手画弧收至肩部前方平屈，右手向下画弧至右腹前。

上半身微左转，右手自下向上在腹前翻掌；两手手掌心相对，在胸前成抱球状。身体向右回正，同时左手向下画弧，右手向上画弧；两手手掌心相对，置于胸前。

**6 转体画弧**

**7 胸前抱球**

以腰为轴心，上半身向右转；同时右臂收在颈部前方平屈，左手自上向下在腹前翻掌，手掌心向上。两手手掌心相对成抱球状。

**8 转体回正**

**9 收势直立**

上半身向左转体回正，左手翻掌向上抬起，同时右手伸肘画弧至肩部前方；两臂向前伸直，相距与肩同宽，手掌心向下。两手同时缓缓下落至大腿左右两侧，自然下垂；左脚抬起靠拢收回。

## 三　野马分鬃

1 身体直立

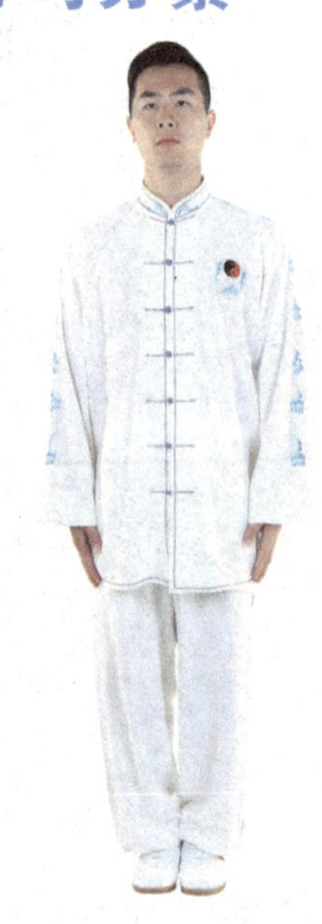

2 开步抬手

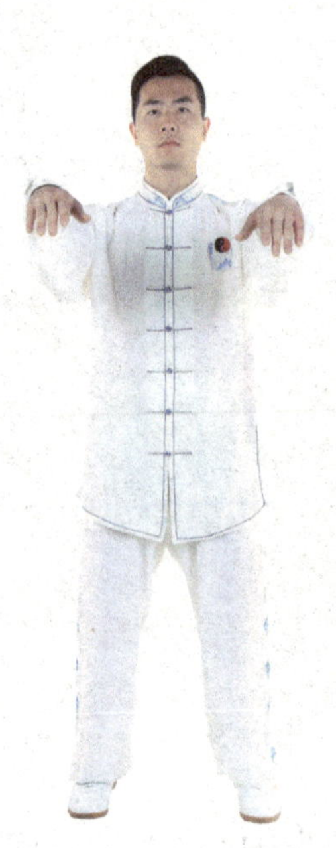

身体自然站立。左脚抬起向左侧迈步，两脚距离与肩同宽，成开立站姿；两臂向上抬起至与肩同高，两手放松，手掌心向下。

3 转体抱球

4 两手交叠

上半身慢慢左转，同时左臂屈肘于颈部前方，手掌心向下；右手向下行至腹前，向上翻掌；两手上下相对成抱球状。接着左手向下，右手向上，两手行至胸前相对。

上半身右转回正，同时左手继续向下行至胯旁，右手画弧至与肩同高。右臂屈肘于颈部前方，手掌心向下；左手行至腹前，向上翻掌；两手上下相对成抱球状。接着右手向下，左手向上，两手行至胸前相对。

上半身左转回正，右手继续向下行至胯旁；左手画弧至与肩同高，翻掌向下。右手上举，两臂平伸于肩部前方。接着两臂缓缓落于大腿两侧，左脚顺势收回至右脚内侧，两脚并拢。

# 四 倒卷肱

1 身体直立

2 开步抬手

身体自然站立，左脚向左侧迈步，两脚距离与肩同宽。两臂慢慢上举至与肩同高，手掌心向下。

两手落至腹前，同时两腿屈膝下蹲。上半身右转，左右手经腹前翻掌向身体两侧画弧上举至与肩同高。

右臂从右后方屈臂至右耳旁。上半身回正，同时右手经头部向正前方推掌；左手从上至下画弧至腹前。上半身左转，左手向左后方画弧平举，同时右手翻掌向上，两臂平举至与肩同高。

左臂从左后方屈臂至左耳旁。上半身缓慢回正，左手经头部向正前方推掌，同时右手从上至下画弧至腹前。

11 两臂前伸

左臂向前伸直平举，右手翻掌上举；两手手掌心向下，两臂与肩同高。两手立掌经胸前慢慢落下，同时两腿屈膝下蹲。

13 两手下垂

14 收势直立

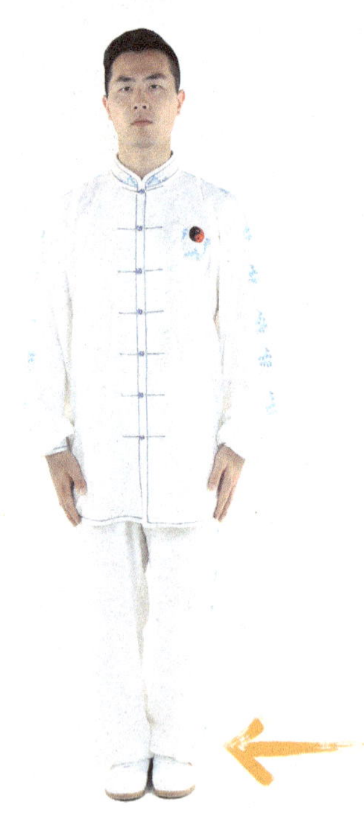

两手下落至大腿两侧。左脚轻轻抬起与右脚并拢，全脚踏实，恢复成预备姿势。

## 五 白鹤亮翅

1 身体直立

2 开步抬手

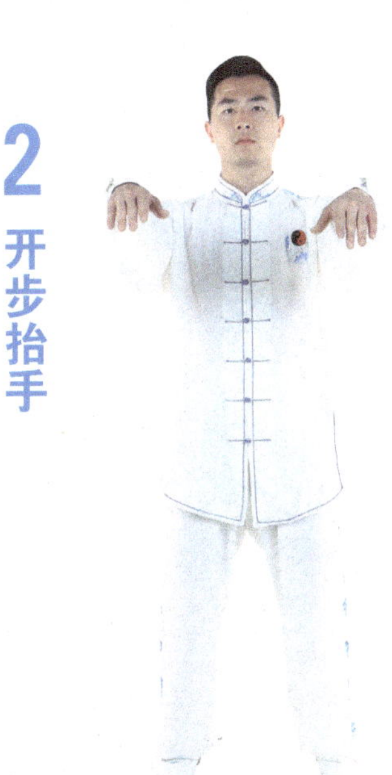

身体自然站立。左脚向左侧迈步，成两脚开立姿势；两臂抬起至胸前平举，与肩同高；两手手掌心自然向下，上半身保持直立。

3 落手屈蹲

4 画弧抱球

两腿屈膝下蹲，两手向下落于腹前。左手画弧屈肘上抬，右手翻掌向上，收至腹前；两手手掌心相对成抱球状，两腿站直。

上半身微微右转，左手向下，右手向上；屈臂相交于胸前，两手手掌心相对。上半身回正，左手画弧下落至胯旁，手掌心向下；右手向身体右上方画弧至头部右侧上方，手掌心向左。

左手翻掌向上，屈肘收至腹前；右手屈臂落至胸前，两手手掌心相对，两手成抱球状。上半身微向左转，右手向下；左手向上，屈臂相交于胸前，两手手掌心相对。

左手画弧至左上方，右手顺势随身体转向左侧搭于左手手肘内。左手保持不变，右手向下经腹前画弧至右胯侧。右手手掌心向下，同时身体回正。

左手翻掌下落，同时右手上举，两手平伸于胸前。接着两手向下缓缓落于大腿两侧，左脚收至右脚旁，两脚并拢。

## 六　左右穿梭



**1 身体直立**

**2 开步抬手**

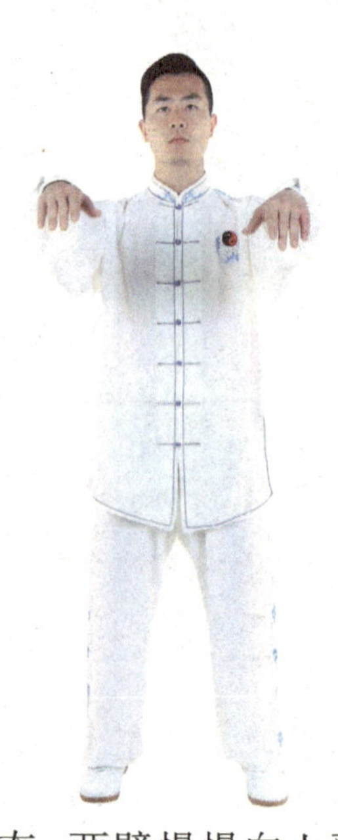

身体自然站立。左脚向左侧迈步，两脚成开立状态；两臂慢慢向上平举，两手与肩同高；两手手掌心向下，两膝微微弯曲。

**3 落手屈蹲**

**4 转体抱球**

两手慢慢下落至腹前，手掌心向下，同时两腿屈膝下蹲。两腿微站起，上半身左转，左手屈臂至胸前，手掌心向下；右手翻掌向上，收至腹前；两手手掌心相对在胸前成抱球状。

两手屈臂画弧至胸前。左手向左下画弧至左胯旁，右手向右上画弧至右上方，手掌心向左。

上半身右转，左手顺势向右前方推掌，右手翻掌向外。接着右臂屈肘落至颈部前方，手掌心向下；身体继续右转，左手翻掌向上，两手手掌心相对成抱球状。

上半身微向左转，两手屈臂交于胸前。右手向下画弧至右胯旁，左手向上画弧至左上方。接着右手向左前方推掌，左手翻掌向外。

身体回正，两臂向前伸直平举，相距与肩同宽，两手手掌心均向下。左脚轻轻抬起与右脚并拢，恢复成预备姿势，两眼平视前方。

## 七　搂膝拗步

1 身体直立

2 开步抬手

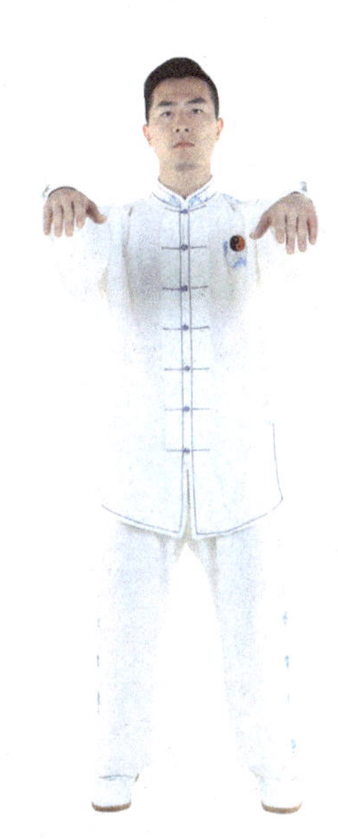



初始姿势，身体自然直立。左脚抬起迈向左侧大约一步距离，成两脚开立姿势；两臂慢慢向上平举，两手与肩同高；手掌心向下，上半身保持竖直。

3 落手屈蹲

4 转体画弧

两腿屈膝下蹲，同时两手轻轻下落至腹前，手掌心向下，两眼平视前方。同时上半身向右转，左手上举向内画弧。

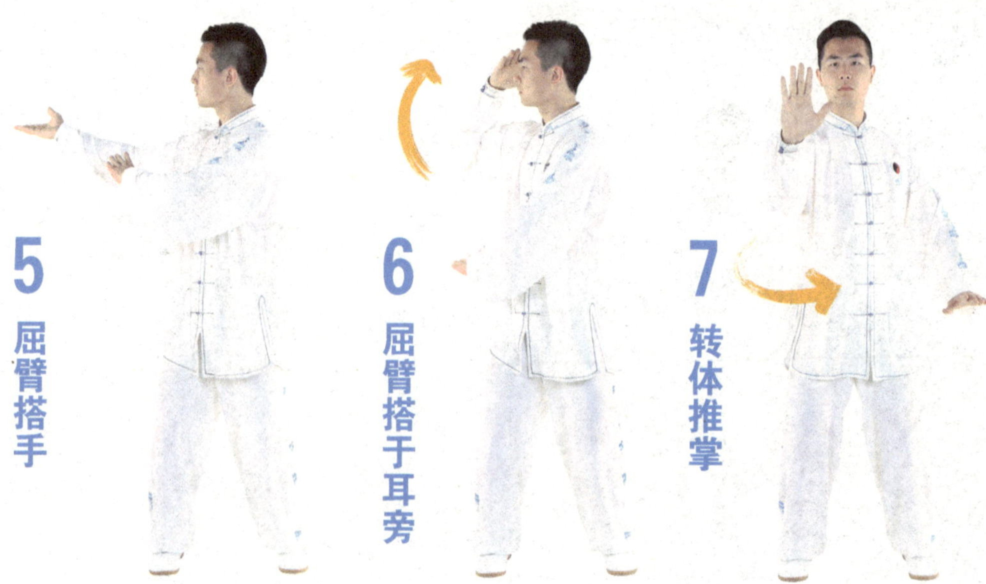


右手由下向后上方画弧至右肩部外侧，手掌心向上；左手画弧至右胸前，搭于右肘上。接着右手屈臂回收至右耳侧，左手下按至腹前。上半身左转，转体的同时右手立掌向前推出，手掌心向前；左手由腹前平搂，落于左胯旁，手掌心向下。

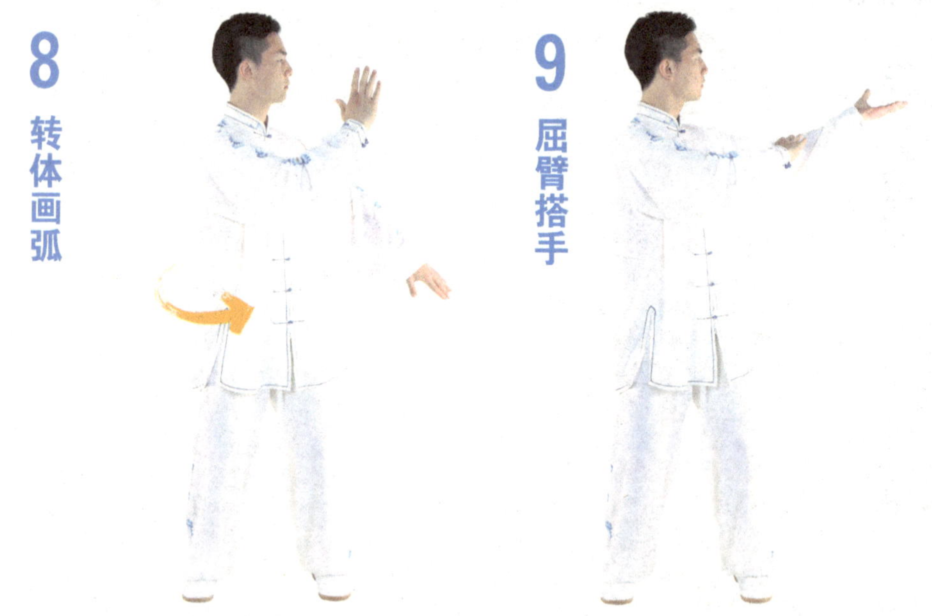


上半身继续向左转，右手翻掌向内画弧。左手由下向后上方画弧至左肩部外侧，手掌心向上；右手画弧至左胸前，搭于左肘上。

左手屈臂回收至左耳侧，右手下按至腹前。上半身右转，转体的同时左手立掌向前推出，手掌心向前；右手由腹前向右画弧，落于右胯旁，手掌心向下。

左臂向前伸直平举，右臂上举至肩部前方，两手手掌心向下。两手经胸前缓缓下落于左右大腿外侧，左脚轻轻抬起与右脚并拢。

## 八 云手

1 身体直立

2 开步抬手

初始姿势，身体自然直立。左脚抬起迈向左侧大约一步距离，成两脚开立姿势；两臂慢慢向上平举，两手与肩同高，相距与肩同宽；两手手掌心向下，上半身保持竖直。

3 落手屈膝

4 屈臂立掌

两腿屈膝下蹲，同时两手轻轻下落至腹前。上半身微左转，左手上举至左肩部前方，手掌心向前；右手翻掌向上，向左推。

左手下按，右手上举。上半身慢慢右转，同时右手画弧上举至面部前方，手掌心向前；左手屈臂向上托掌至右胸前，掌心向上。随后身体继续微右转，右手下按，左手继续上举。

上半身左转，同时左手画弧至面部前方；右手屈臂向上托掌至左胸前，掌心向上。上半身右转回正，同时两臂收至胸前平伸。两手下落于左右大腿外侧，左脚轻轻抬起与右脚并拢。

# » 上半身与下肢动作结合练习

## 一　野马分鬃

1 身体直立

2 开步站立

身体自然直立，两臂自然下垂。左脚迈向左侧，成开立姿势；上半身保持竖直，两腿屈膝下蹲；两手准备起势。

3 立掌下落

4 落手屈蹲

两臂慢慢向前平举，与肩同高，相距与肩同宽；上半身保持竖直，两腿屈膝下蹲。同时两手立掌轻轻下落至腹前；指尖向前，手掌心向下，两眼平视前方。

身体右转，右脚向右侧迈步，重心移至右腿上。同时右臂抬起收至胸前平屈，手掌心向下；左手翻掌画弧至腹前，手掌心向上，两手手掌心相对成抱球状。左脚随即收到右脚内侧，脚尖着地，成虚步。

身体左转，左脚向左前方迈出，脚跟后蹬。同时左右手随转体慢慢分别向左上、右下分开；上半身前倾，重心前移。右手画弧在右胯旁，手掌心向下；左手向上画弧至颈部高度。

身体左转，同时两手屈臂成抱球状。右脚抬起，迈向右前方；身体重心移至左腿上。上半身前倾，重心向前，成右弓步；同时左右手随转体慢慢分别向左下、右上分开；右手至颈部高度，手掌心向上；左手落在左胯旁，手掌心向下。

左脚前迈，两腿微屈；同时两臂前伸，相距与肩同宽。两手下落至腹前。左脚轻轻抬起与右脚并拢，两手自然下垂至大腿两侧。

## 二　倒卷肱

身体自然直立，两脚并拢；两臂自然下垂，放在大腿外侧；眼睛平视前方。左脚抬起迈向左侧大约一步距离，成两脚开立姿势，两臂慢慢向前平举。

两手与肩同高，相距与肩同宽，上半身保持竖直。两腿屈膝下蹲，同时两手立掌下落。手掌心向下，两手落至腹前，眼睛平视前方。

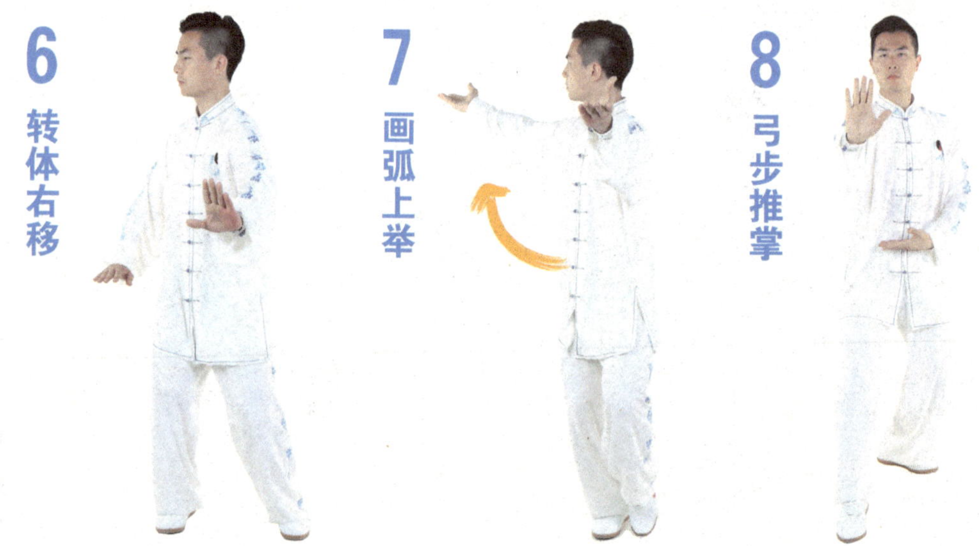


上半身右转。左脚收回至右脚内侧并脚尖点地；同时右手由腹前向下、向后上方画弧平举，左手翻掌上抬；两手与肩同高。左脚向后方蹬脚，脚掌着地踏实；重心后移，同时右臂屈肘回收，经由右耳侧向前方推出；左手顺势收回至腹前。

上半身左转，同时左手由腹前向下、向后上方画弧平举。右手翻掌上抬，两手与肩同高；右脚向后撤步，同时左手屈肘在左耳旁。重心后移，左手经左耳侧向前方推出，手掌心向前；右手顺势收至腹前，手掌心向上。

**12 两臂前伸**

**13 退步屈膝**

两臂慢慢伸直于肩部前方，相距与肩同宽，同时左脚向后退步，收至距右脚左侧一步距离。两手立掌，缓缓下落；调整右脚至约与左脚平行，两腿微屈。

**14 两手下垂**

**15 抬脚直立**

两手落于大腿外侧，两腿伸直。左脚轻轻抬起与右脚并拢，恢复成预备姿势，两眼平视前方。

## 三　左右穿梭

1 身体直立

2 开步站立

身体自然直立，两脚并拢；两臂自然下垂，两手放在大腿外侧。左脚抬起迈向左侧大约一步距离，成两脚开立姿势；两臂慢慢向前平举。

3 两臂前抬

4 立掌下滑

5 落手屈蹲

两手与肩同高，相距与肩同宽。上半身保持竖直，两腿屈膝下蹲。同时两手立掌轻轻下滑至腹前，手掌心向下，两眼平视前方。

上半身左转，同时两手在胸前画弧成抱球状。右脚抬起向右上方蹬腿，脚跟着地；同时右手向上方画弧至头顶高度，左手向下按压至左腹前。右腿成虚步缩至左脚内侧，同时右手向下画弧至腹前，左手向上抬至颈部前方；两手相对成抱球状。

两手相叠至胸前。右脚抬起向右上方蹬腿，脚跟着地；同时右手向上方画弧至头顶高度，左手向下按压至左腹前。重心前倾，右手翻掌向外，左手经由腹前向前方推掌。

身体重心后移，右脚脚尖略向外撇。同时右手向下画弧置于胸前微屈，左手也屈肘于胸前；左脚收至右脚内侧，成虚步；左右两手同时翻掌在胸前成抱球状。身体左转回正，同时左手由腹前向左上方送掌，右手向下方按压至右胯旁。

身体左转，左脚向左前方迈出，脚跟着地；同时左手经脸前向上翻掌停在头顶高度，右手保持不变。接着左脚落实，身体前倾，重心前移，成左弓步；同时右手经体前向前推出，手掌心向前，左手翻掌向外。

身体回正，两臂慢慢伸直于胸前，相距与肩同宽。两手立掌向下，缓缓下落；右脚向前迈步，收至距左脚一步距离，两腿微屈。

两手落于大腿外侧，两腿伸直，左脚轻轻抬起与右脚并拢；恢复成预备姿势，两眼平视前方。

## 四 搬拦捶

1 身体直立

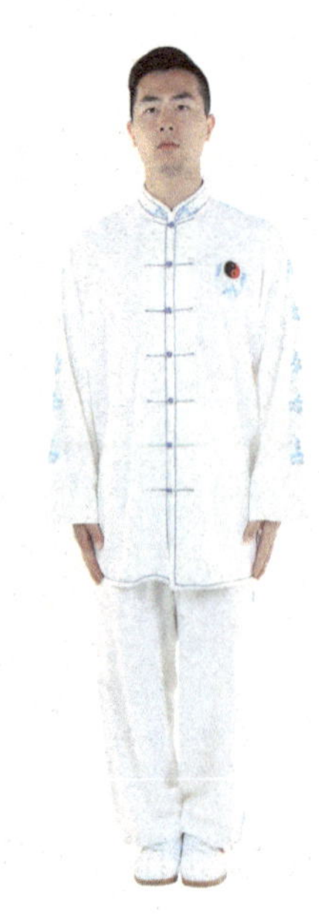

2 开脚站立

身体自然直立，两脚并拢；两臂自然下垂，两手放在大腿外侧。之后左脚抬起迈向左侧大约一步距离，成两脚开立姿势；两臂慢慢向前平举。

3 两臂上抬

4 立掌下滑

5 落手屈蹲

两手与肩同高，相距与肩同宽。上半身保持竖直，两腿屈膝下蹲。同时两手立掌轻轻下滑至腹前，手掌心向下，两眼平视前方。

身体左转，重心移至左腿上，两手随转体抬至腹前。右脚抬起至左脚内侧，脚尖着地成虚步；同时左手向左上方抬起至额前，右手画弧至腹前变拳。

左手由额前向胸前按压，右拳向上抬起；两手在胸前相交，左外右内。身体略向右转右脚向前迈出，脚跟着地，重心在左腿上；同时左手向下按压至腹部侧前方，右拳向上翻出，向前平举。

10 转体收拳

11 蹬步屈膝

身体继续右转，重心移至右腿上，右拳翻转，拳心向下。左脚向前迈步，脚跟着地；同时左手由下向上抬起，右拳由前向后收至右胯旁。

左脚踏实，左腿前弓；身体重心前移，上半身保持不变。右腿蹬直，同时右拳向前方伸直打出，左手成掌护在右肘处。

两臂伸直于胸前，与肩同高。右脚向前迈步，收至距左脚一步距离。两腿微屈，两手立掌慢慢向下，落至腹前。

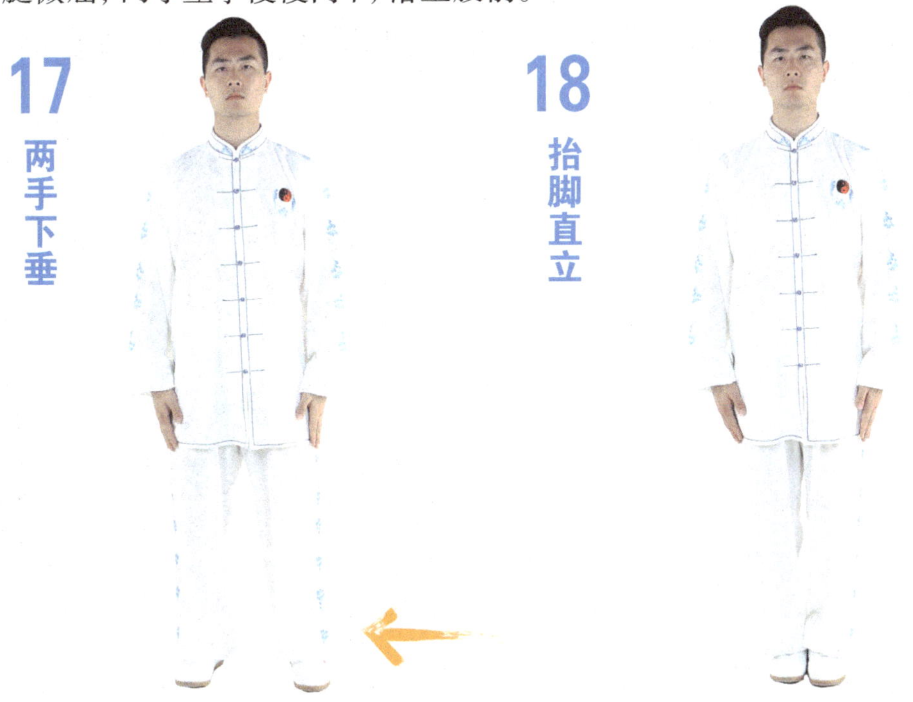


两手落于大腿外侧，两腿伸直。左脚轻轻抬起与右脚并拢；恢复成预备姿势，两眼平视前方。

# 五　云手

1 身体直立

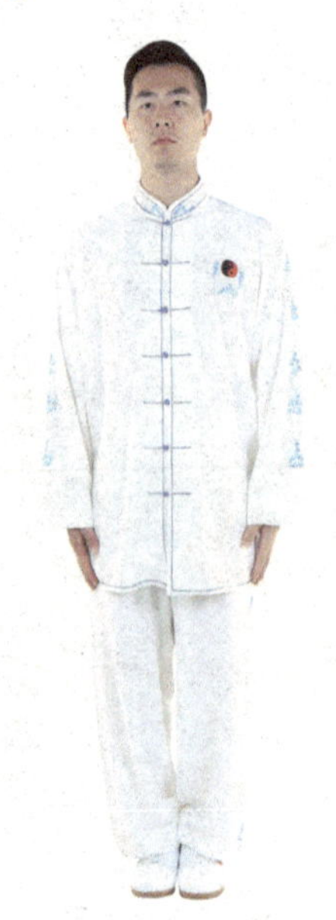

2 开步抬手

身体直立，两脚并拢；两臂自然下垂，两手放在大腿外侧。左脚抬起迈向左侧大约一步距离，成两脚开立姿势；两臂慢慢向前平举，两手与肩同高，相距与肩同宽。

3 立掌下滑

4 落手屈蹲

上半身保持竖直，两腿屈膝下蹲。同时两手立掌轻轻下滑至腹前；手掌心向下，两眼平视前方。

上半身稍微右转，右手翻掌向右上方画弧，左手向右画弧至腹前。重心转移至左腿上，同时左手由腹前向右上画弧至面部前侧，右手向下压掌至右胯旁。

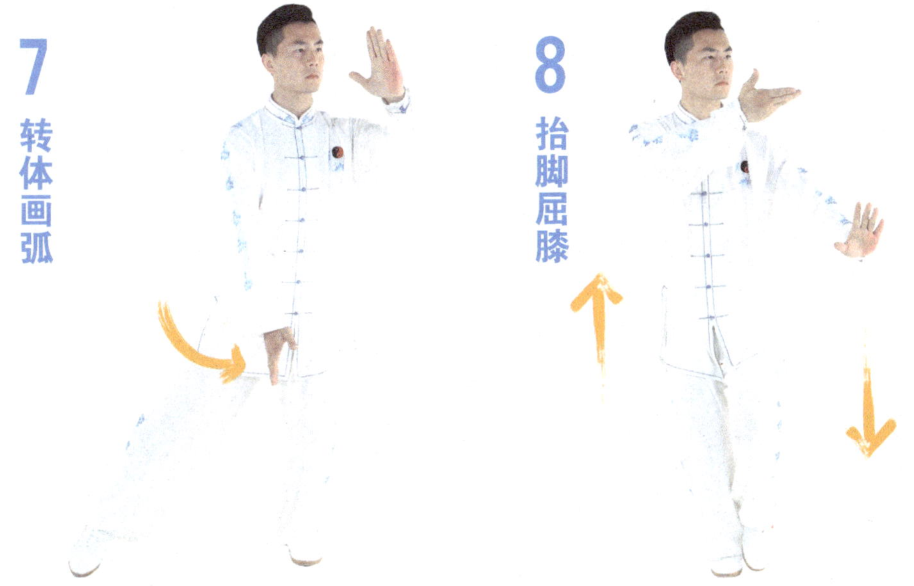


身体重心左移，左腿弯曲；同时左手由脸前画弧向外侧翻掌，右手画弧至腹前。右脚向左脚内侧迈步并拢，随后左脚抬起，脚尖着地；同时右手向左上画弧至左肩前，左手画弧下压。

上半身向右转，右腿弯曲；右手画弧经脸前至脸部外侧，左手画弧至腹前。左脚向右脚内侧迈步并拢，两膝微屈；同时右手由脸部外侧翻掌前推，左手由腹前继续画弧至右肩前。

两臂慢慢伸直于胸前，相距与肩同宽；手掌心向下，缓缓下落。两手落于大腿外侧，全脚踏实，恢复成预备姿势。

## 六　搂膝拗步

1 身体直立

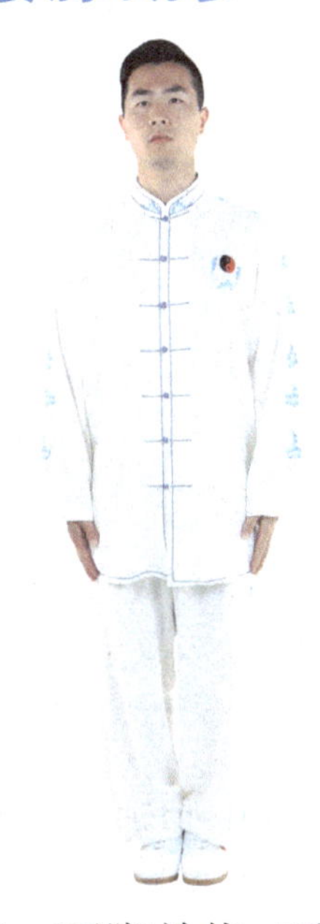

2 开步抬手

身体直立，两脚并拢；两臂自然下垂，两手放在大腿外侧。左脚抬起迈向左侧大约一步距离，成两脚开立姿势；两臂慢慢向前平举，两手与肩同高，相距与肩同宽。

3 立掌下滑

4 落手屈蹲

上半身保持竖直，两腿屈膝下蹲。同时两手立掌，轻轻下滑至腹前，手掌心向下，两眼平视前方。

身体右转，右脚向右侧跨步，且脚跟着地；左手向上画弧至胸前，右手保持不变。右脚踏实，左脚向右脚内侧迈步，脚尖着地，腿微屈成虚步；同时右手由下向上画弧至右肩部外侧，手掌心向上；左手画弧至右胸前搭于右肘上，手掌心向下。

上半身左转，左脚向前迈出；同时右手屈臂收至右耳侧，左手向下画弧至腹前。重心前移至左腿上，右腿蹬直；同时右手由右耳侧向前推出，左手由腹前从左膝前搂过落于左胯旁。

重心后移，左脚脚跟着地。接着左脚脚跟用力扭转带动身体转向左侧，两手保持不变。右脚向左脚内侧迈步，脚尖着地成虚步；同时左手翻掌向上平举，右手向下画弧落于左胸前搭于左肘上。

上半身右转，右脚向前迈出；同时左手屈臂收至左耳侧，右手向下画弧至腹前。重心前移至右腿上，左腿蹬直；同时左手由左耳侧向前推出，右手由腹前从右膝前搂过落于右胯旁。

**14 两臂前伸**

**15 跟步屈膝**

两臂慢慢伸直于肩部前方，相距与肩同宽。两手立掌，缓缓下落；左脚向前迈步，收至距右脚左侧一步距离，两腿微屈。

**16 两手下垂**

**17 抬脚直立**

两手落于大腿外侧，两腿伸直。左脚轻轻抬起与右脚并拢；恢复成预备姿势，两眼平视前方。

# 七　捋挤势

1 身体直立

2 开步抬手

3 落手屈蹲



身体直立，两脚并拢。两臂慢慢向前平举，两手与肩同高；同时左脚抬起迈向左侧大约一步距离，成两脚开立姿势。两腿屈膝下蹲，同时两手轻轻下落至腹前，手掌心向下。

两臂撑圆。以左脚脚跟为轴向左侧转动，右脚不动；同时左手翻掌向左前方探出，右掌由下方向左前方穿插。重心右移，上半身微右转，同时两手由左捋至右上方。

身体左转，同时两手搭于胸前，右脚收于左脚内侧成虚步。身体转向右侧，右脚向右前方迈出一步，脚跟着地；两手上抬至胸口处。重心前移至右腿上，左腿蹬直，两手向前挤出。

重心后移，右手翻掌向前方探出，左手向下穿出。上半身左转，两手由右捋至左上方。重心前移，身体向前；同时右手向后画弧收至腹前；左手向下捋。

右手收回至右胯外侧，左手捋至腹前；同时左脚收于右脚内侧成虚步。左脚向左前方迈出一步，脚跟着地；同时两臂在胸前搭手。重心前移至左腿上，右腿蹬直，两手向前挤出。

身体回正，两臂慢慢伸直于胸前，相距与肩同宽。右脚向前迈步，收至距左脚一步距离，两腿微屈。两手立掌向下，缓缓下落；左脚轻轻抬起与右脚并拢，恢复为预备姿势。

## 八　掩手肱捶

1 身体直立

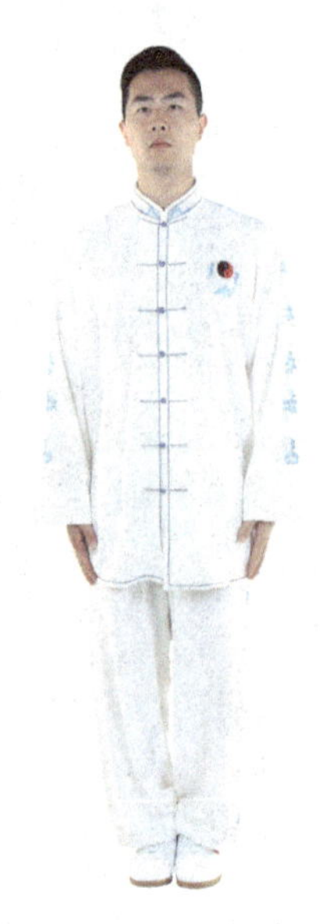

2 开步抬手

身体直立，两脚并拢；两臂自然下垂，两手放在大腿外侧。左脚抬起迈向左侧大约一步距离，成两脚开立姿势；两臂慢慢向前平举，两手与肩同高，相距与肩同宽。

3 立掌下滑

4 落手屈蹲

上半身保持竖直，两腿屈膝下蹲；同时两手立掌，轻轻下滑至腹前。手掌心向下，两眼平视前方。

身体右转，右脚向右侧迈出半步距离，同时两臂分别向左右两侧撑开。左脚收回至右脚内侧，脚尖着地成虚步，然后两臂相合于面部前方；左掌在后，右掌在前。

左脚向左侧跨步并脚跟着地，右腿半蹲；两手保持不变。左脚踏实，两腿成马步，两掌分别向左右拨掌，与胸平行；两手手掌心同时向外。

身体重心右移，两手翻掌收回，屈臂于胸前，手掌心斜向上。身体下蹲，重心微左移；右手变拳搭在左手手腕内侧。

重心向左前方移，右拳旋转向前方冲打；左手后收，手掌心贴于左腹部。身体左转后坐，重心后移至右腿上；右拳变掌，同时两臂外旋，两手向左右两边打开；两手平举，手掌心向上。

重心移至左腿上，两腿形成左弓步；两手保持不变。右脚轻抬落于左脚内侧，脚尖着地成虚步；两手立掌相交于面部前方，左后右前。

右脚脚跟擦地向右开步，脚跟着地，左腿屈膝半蹲；两掌顺势下落，交叉于胸前；左掌压于右掌上。

右脚踏实，两腿半蹲；同时两手分开向左右两侧拨掌，上半身挺起，手掌心同时向外。右手翻掌收回，屈臂于胸前。

左手翻掌变拳，屈臂向内收回；右手保持不变，重心右移，两腿形成右弓步。同时左拳旋转向前方冲打，拳心向下；右手后收，手掌心贴于右腹部，目视左拳。

20 两臂前伸

21 跟步屈膝

左脚向前迈步，收至距右脚一步距离；两臂慢慢伸直于胸前，相距与肩同宽。两腿微屈，两脚开立，两手立掌慢慢下落。

22 两手下落

23 抬脚直立

两手落掌至腹前，两腿伸直。左脚轻轻抬起与右脚并拢，恢复成预备姿势，两眼平视前方。

# 杨氏 24 式太极拳套路图解

太极拳不但具有强身健体的作用，而且在防卫上也有其独到之处。由于杨式太极拳姿势舒展，平正朴实，练法简易，因此深受广大群众喜爱，传播非常广泛。本章介绍杨式 24 式太极拳的完整套路，方便读者成体系学习。

# 第一式 起势

两脚并拢站直，两手自然下垂。左脚提步，重心右移，左脚脚尖触地；上半身保持不变，眼睛平视前方。

向左迈步，脚尖点地。

左脚向左侧跨步，脚尖点地；重心在右腿上。

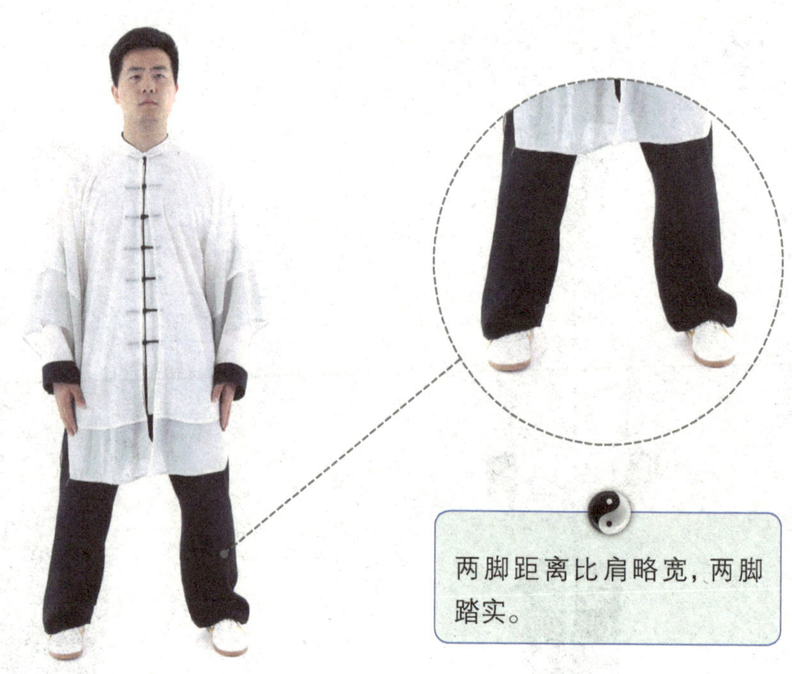


左脚落地踏实，两手自然放至大腿两侧。

两臂缓缓向前平举，抬至与肩同高。手掌心向下，两手放松。

## 7 两臂下落

两臂下落的同时，两腿缓慢弯曲。

两肩放松，两肘松垂带动两臂下落，两手立掌下落。

## 8 重心下移

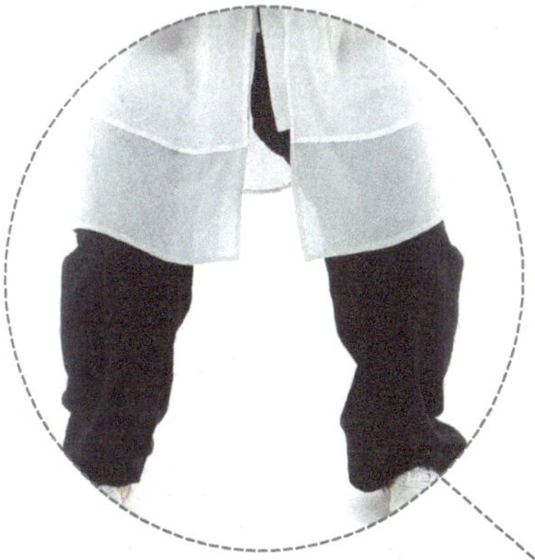

下蹲程度随着手的下落逐渐加深。

两手落于腹前；同时两腿微屈下蹲，重心下移。

# » 第二式 左右野马分鬃

身体稍向右转，同时右臂在体外右侧画弧屈肘，至与肩同高。左手翻掌向上，画弧至腹前；身体向左转，重心转至右腿上；左腿收脚，脚尖着地成虚步，两手手掌心相对在胸前做出抱球的姿势。

左脚向左跨步，脚跟落地；两手保持不变。左脚踏实，身体重心移至左腿上；重心下移，两腿屈曲下蹲；同时两手手掌心相对，收拢至胸前。

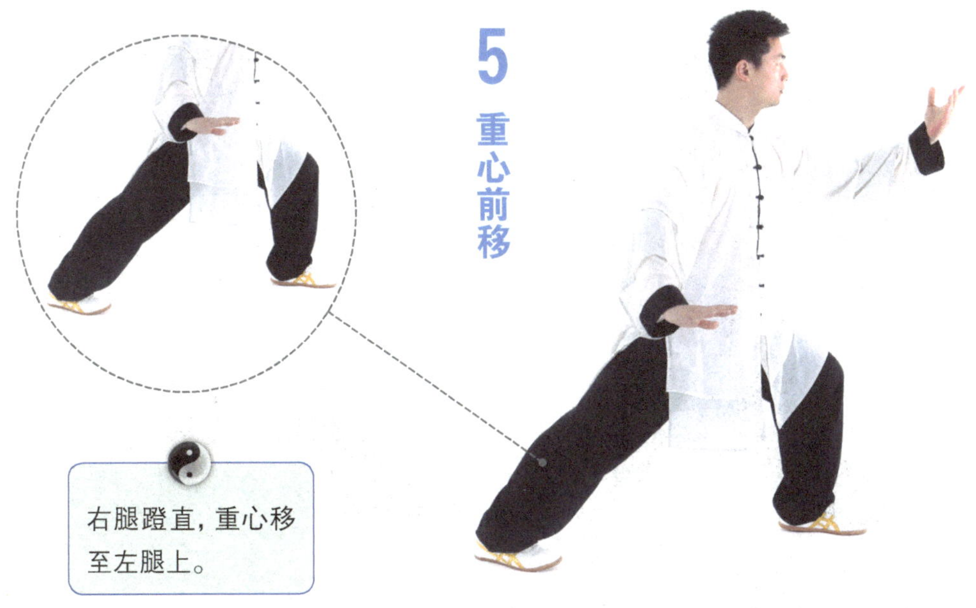


身体向左转，重心前移，右腿伸直，形成弓步；同时左手向上、右手向下分别打开。左手约至肩部高度，手掌心向后；右手按至右胯旁，手掌心向下。

慢慢后坐，身体重心移至右腿上；左脚脚跟着地，脚尖翘起；两手保持不变。

左脚脚跟扭转外撇（45~60 度），同时带动身体顺势向左转动，两手保持不变随着身体向左后方移动。身体重心移至左腿上；右腿蹬伸，脚跟离地。

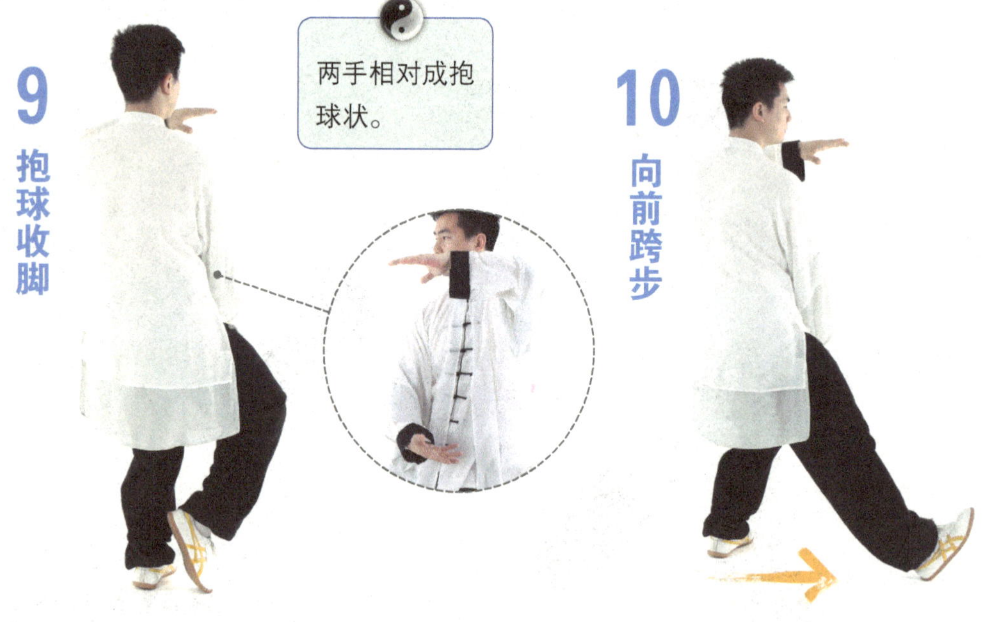


右脚随即收到左脚内侧，脚尖点地成虚步；同时左手翻掌屈臂在颈部前方，右手向上翻掌画弧至腹前；两手手掌心相对成抱球状。身体右转，右脚向右侧跨步，脚跟落地。

重心右移，右脚踏实；重心下移，两腿微屈；同时两手手掌心相对，收至胸前。

重心右移，两腿形成弓步；同时右手向上、左手向下分别打开。右手移至手腕与肩同高，左手落至左胯旁。身体后坐，重心移至左腿上；右腿伸直，脚跟着地，脚尖翘起；两手保持不变。

## 14 扭脚转体

右脚脚跟扭转外撇（45~60 度），同时带动身体顺势向右转动；两手保持不变随着身体向右移动，重心移至右腿上。

## 15 前弓转体

左腿蹬直，脚尖点地。

上半身前移，重心向前；右脚踏实，形成弓步；左腿伸直，脚跟离地，两手顺势略向右前方推。

左脚上前跟步，收至右脚内侧，脚尖点地成虚步；同时右手翻掌屈肘至颈部前方，左手向上翻掌收至腹前；两手手掌心相对在胸前做出抱球的姿势。左脚向左迈出，脚跟着地。

左脚踏实，重心前移；左腿前屈，形成弓步；同时两手分别向左上、右下两个方向打开；左手移至手腕与肩同高，右手落至右胯旁。

# 第三式 白鹤亮翅

1 跟步抱球

2 后坐抬手

右脚向前跟进半步，脚尖落地后踏实；同时右手画弧翻掌至腹前，左手翻掌平屈于颈部前方，两手手掌心相对成抱球状。重心后移，右腿屈曲下蹲，左脚脚尖着地成虚步。同时右手从腹前经胸画弧至头右上方，左手顺势搭于右臂内侧。

3 转体分手

4 左手画弧

上半身左转，左手向下画弧至左胯旁，手掌心向下。上半身保持直立，眼睛目视前方。

# 第四式　搂膝拗步

1 微左转搂手

2 微右转搂手

右手经身体由上向内、向下搂手至腹前；左手顺势向上、向内搂手至左前方。上半身随手臂动作自然转动。

3 上半身右转

两手画弧，带动身体右转，左手在上，右手在下。

上半身微微右转，同时左手搂至头前方，右手下落至右胯旁，手掌心翻转向上。

左手画弧落至右胸前，手掌心向下；右手从右胯旁向上画弧至头部高度，手掌心向上；身体随着手臂右转，同时左脚回收，落在右脚内侧，脚尖着地成虚步。

右手翻掌屈肘于耳旁，左手顺势下按至腹前；同时左脚向前迈出，脚跟着地。重心前移，左脚踏实，形成弓步；左手画弧推至身体外侧，右手保持不变。

## 7 弓步推掌

上半身前移，重心转移至左腿上，形成左弓步；右手同时立掌向前推，指尖与鼻同高；左手画弧停于左胯旁，手掌心向下。

## 8 推掌后移

## 9 转体画弧

身体后坐，左脚脚跟着地，脚尖翘起；接着左脚以脚跟为轴扭转外撇（45度），带动身体向左转。上半身前移，左脚踏实重心转移至左腿上；右腿蹬直，脚跟离地。两手保持不变，随身体转动向左移动。

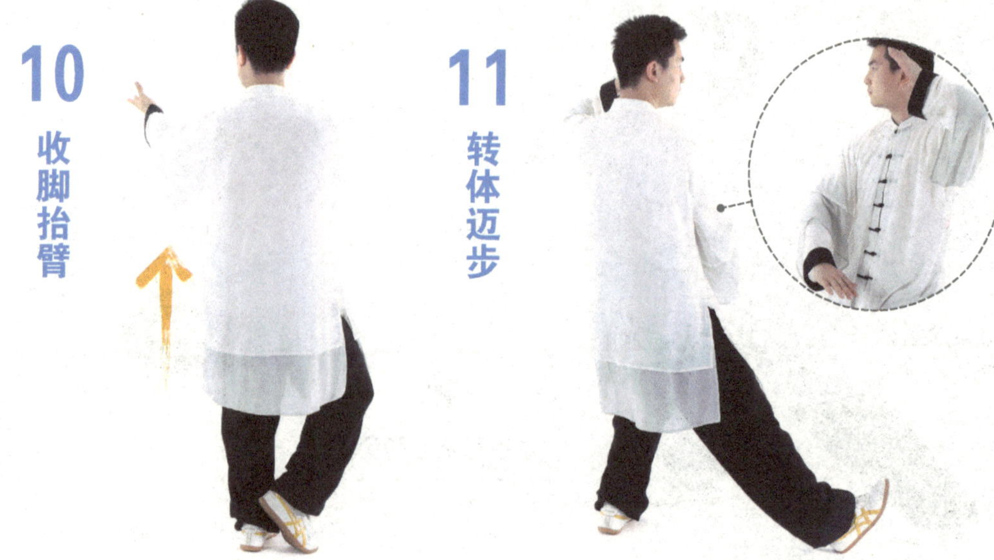


抬右脚至左脚内侧，脚尖着地成虚步；左手翻掌上抬至左前方，右手收至胸前。身体右转，同时右手下落至腹前，左手翻掌屈肘至左耳侧；同时右脚向前迈步，脚跟着地。

右脚踏实，右腿屈曲，成弓步。重心前移，上半身右转前倾；右手从腹前画弧至右胯旁，手掌心向下；同时左手立掌向前推出。

重心后移，右腿伸直，脚跟着地。右脚脚尖翘起并向右撇，身体顺势向右转；重心前移，右脚踏实；右腿屈曲，成弓步；两手保持不变随身体移动。

左脚跟步，抬起立与右脚旁，脚尖着地成虚步；左手向下画弧至右胸前；右手从右胯旁向上画弧至头部高度，手掌心向上；身体随着手臂转向右。

身体左转，右手翻掌屈肘于右耳侧，手掌心向下，左手顺势下移至腹前；同时左脚向左迈出，脚跟着地。身体重心逐渐左移，左脚踏实，左手从腹前向外移至左前方。

身体左转，重心继续前移，左腿屈曲；右腿自然蹬直，成弓步；左手由左前方画弧至左胯旁，手掌心向下；右手立掌向前推出，右臂自然伸直。

# » 第五式 手挥琵琶

上半身保持直立不变，右脚向前跟进半步。重心后移，左脚脚尖着地成虚步，同时左手从下向前、向上伸出至与肩同高；右手屈肘后撤至左胸前，手掌心向下。

左脚抬起，脚尖虚点地；两手轻轻回收于胸前。左脚向前跨步，脚跟着地；两手立掌向前推出。

# » 第六式　倒卷肱

右手从胸前向下，经胯部画弧向右侧打开。左手翻掌向上，两臂平举；同时身体微向右转，重心后移，眼睛看向右侧。

左脚经右脚内侧向后撤步，脚尖着地；同时右臂屈肘翻掌于右耳侧，手掌心向下；左手保持不变。

身体重心后移，右腿伸直，左腿屈膝微蹲；左手向后收掌，右手由右耳侧向前推出；两手相交于胸前。

右脚抬起脚尖着地成虚步，同时左手后撤至左腹前，右手变立掌向前推出；上半身左转。同时左手经体侧向左上方打开，手掌心向上，右手翻掌向上，两臂平举。

右脚经左脚内侧向后撤步，脚尖落地；身体微向右转，同时左手翻掌屈肘于左耳旁，右手保持不变。重心后移，右脚踏实；左手由左耳侧向前推出，右手手掌心向上、向后撤手；两手于胸前相交。

重心后移，身体后坐；左脚前脚掌着地成虚步；右手后撤至腹前，左手变立掌向前推出。

上半身右转，同时右手经体侧向右上方打开，手掌心向上。左手翻掌向上，两臂平举；下半身保持不变。

身体左转，同时左脚经右脚内侧向后撤步，脚尖落地；右手翻掌屈肘于右耳旁，左手保持不变。

左脚踏实，右脚抬起前脚掌着地成虚步；右手由右耳侧向前推出，左手手掌心向上向后收回，两手相交于胸前。重心继续后移，同时左手向后撤至腹前，右手立掌向前推出。

上半身左转，同时左手经体侧向左上方打开，手掌心向上。右手翻掌向上，两臂平举；下半身保持不变。

右脚经左脚内侧向后撤步，脚尖落地；同时左手翻掌屈肘于左耳旁，右手保持不变。右脚踏实，重心后移；左手由左耳侧向前推出，手掌心向前；右手手掌心向上、向后撤手，两手相交于胸前。

重心后移，身体微向右转；左脚抬起前脚掌着地成虚步；同时右手后撤至腹前，左手变立掌向前推出。

# » 第七式　左揽雀尾



1 转体抬臂

2 抱球收脚

上半身微向右后转，右手由腹前向右上方画弧，左手保持不变；左脚收至右脚内侧，脚尖落地成虚步。同时右臂屈肘至下颚前，左手向上翻掌画弧至腹前，两手相对在胸前成抱球状。

3 抱球迈步

身体稍向左转，重心下移；左脚顺势从左侧迈出，脚跟着地；右腿微屈，左腿绷直。上半身保持不变。

左脚踏实，重心左移，两腿微屈成马步；两手分别向上、向下翻掌；两手手掌心相对，在胸前聚拢。

右腿慢慢绷直，身体转向左；同时左手带动左臂向左前方伸出，与肩同高，右手顺势向下按压至右胯旁。下肢保持不变，右手画弧向前伸出，停至左手下。

两手向上画弧伸至左前方，而后左手翻掌向外，右手翻掌向内；上半身右转，两手同时画弧向下捋。重心随着两手的走势而向右转移。

右手手掌心向上，左手手掌心向下，同时向下捋。

两手同时画弧后捋至腹前，左手手掌心向下，右手手掌心向上，两眼注视两手，头微微低垂。

## 10 转体画弧

## 11 翻掌抬臂

上半身右转，两手继续向上画弧；右手举于身体右侧，左臂平屈于胸前；重心后移，身体后坐，左腿自然伸直。右手由身体右侧向右翻掌，举至与头同高，左手保持不变。



## 12 屈肘抱手

两手收拢于胸前。

上半身向左转，右手顺势与身体转动屈肘至胸前，搭于左手手腕内侧，两手收拢在胸前。

重心前移，左腿屈曲，右腿自然蹬直，成弓步；两手相交送出体外。左手翻掌向下，右手顺势捋过左手，两手分开，两臂伸直与肩同高。

重心后移，上半身后坐；右腿屈膝，左腿自然伸直；左脚脚尖翘起。同时两臂屈肘收回于胸前。

重心继续后移，同时两手移至腹前，手掌心斜向前下方。重心前移，左脚慢慢踏实，左腿屈曲，右脚蹬地，成弓步；同时两手立掌向前推，重心前移。

两手立掌推至体前，两腕与肩同高，间距与肩同宽；两手手掌心向前，指尖向上；两腿成左弓步，眼睛目视前方。

# » 第八式　右揽雀尾

身体后坐，重心回收。左脚以脚跟为轴向右扭转，带动上半身向右转，重心移至右腿上；同时两手沿弧线向前方平滑至体前；两腕与肩同高，两手手掌心向前。

重心移至左腿上；左腿微屈，右腿伸直；同时左手向上画弧屈肘至与耳朵同高处，右手向下画弧。

**4 抱球收脚**

**5 抱球迈步**

重心继续左移，身体转向右侧；右脚收至左脚内侧，脚尖点地成虚步。左臂屈于下颚前，右臂屈于腹前；两手手掌心相对，成抱球状；右脚向前上步，脚跟着地。

**6 两手收拢**

**7 弓步探手**

右脚踏实，重心前移； 两手合拢交于胸前。左腿自然蹬直，成弓步；两手顺势分别向右上、左下推出；右手与肩同高，手掌心向内；左手落于左胯旁，手掌心向下。

右手保持不变，左手外旋翻掌向外，停至右手下方。而后左手翻掌，带动右手画弧向下捋；重心随着手的走势而转移。

左手手掌心向上，右手手掌心向下，同时向下捋。

上半身左转，两手同时向下经腹前向左后方画弧后捋；重心后移，身体后坐，右腿自然伸直；眼睛注视两手，头微微低垂。

上半身继续左转，两手向左上画弧；左手举于身体侧前方与肩同高处，右臂平屈于胸前。重心后移，左手由身体侧前方屈肘立掌于面部前方；右手保持不变。

上半身向右转，左臂顺势屈肘收回至胸前；右手保持不变；左手搭于右手手腕内；两手收拢相交于胸前。

重心前移，上半身前倾；将两手相交送出体外。左腿自然蹬直，成弓步；同时右手翻掌，手掌心向下，左手顺势捋过右手，两手分开；两手与肩同高，两臂伸直。

重心后移，微向后坐；右腿伸直，脚尖翘起。两手后撤至胸前，而后至腹前；手掌心斜向前下方；注意两手要同时后撤。

## 第九式 单鞭

右脚踏实，重心前移，成弓步；同时两掌推至体前，两腕与肩同高，两手手掌心向前。上半身后坐，重心移至左腿上，右脚脚跟着地；两手分别向左上、右下画弧。

右脚脚尖向左内扣，右脚和左脚平行。

右脚落地，脚尖内扣；同时两手分别向左上、右下分开，左手经脸前画弧至与左肩齐平，右手画弧至腹前，身体随着手势转向左边。

## 4 弓步抬臂

左手立掌，右手手掌心向上。

上半身继续左转，左腿屈膝，右腿绷直，成弓步；同时左臂经脸前向左画弧至身体左前方平举，手腕与肩齐平；同时右手经腹前向上画弧至左胸前，停至左肘内侧。

## 5 转体画弧（上）

## 6 转体画弧（下）

身体重心移至右腿上，上半身顺势右转。同时右手随转体经脸前向右上方画弧，手掌心翻转向内，左手向左下方画弧；重心继续右移，身体右转，左手向右顺势画弧至腹前，右手画弧至面部前方微屈肘立掌，视线随右手移动。

左脚收至右脚内侧，脚尖触地成虚步；左手自腹前向上画弧至右肩前，手掌心向上，搭于右手下方。右手收掌变勾手，勾尖向下， 臂约与肩平。

左脚向左前方迈出一步，右腿屈膝，左腿绷直，脚跟着地；上半身保持不变。

左脚慢慢踏实，重心移向左腿上，左掌经脸前慢慢向左画弧，手腕与肩同高，目视左手，同时身体随着手的走势转向左边。

重心前移；左腿屈膝前弓，右腿自然蹬直，成斜向左前方的弓步。左掌向前推出，翻掌向外；右手保持不变。

# » 第十式　云手

重心转至右腿上，右手变为立掌，左手由左侧画弧至左胯旁。重心右移，身体转向右侧；右腿屈曲，成弓步；身体右转，同时右手下落至手腕与肩同高，左手经腹前画弧至右胸前，搭于右手侧下方。

重心后移，上半身后坐；左手由胸前向右上画弧至右肩前，右手顺势向下画弧至大腿外侧，同时身体顺势回正下蹲。

身体向左转，右腿绷直，成弓步；左手经脸前画弧至与头部同高，右手画弧至腹前。同时右脚轻抬至左脚内侧，左手保持不变；右手从腹前向上画弧至左胸前，搭至左肘内侧。

两脚合拢，右手从左胸前向上画弧至脸前，同时左手向下画弧至左胯外侧。

身体向右微转，左脚向左侧迈出，右腿屈膝，成弓步。同时右手经脸前画弧停于与头部同高，手掌心向左前方；左手画弧至腹前，随后左手由腹前向上画弧至右胸前，搭于右手下；下半身保持不变。

上半身后坐，重心慢慢转移至左腿上；左手经右胸前画弧至脸前，右手向下画弧至大腿外侧。

## 10 弓步推掌

身体向左转，重心左移；右腿绷直，成弓步。同时左手经脸前画弧停至与头部同高处，手掌心向右前方；右手顺势向左画弧至腹前。

## 11 抬腿收脚

## 12 转手画弧

右脚轻抬至左脚内侧，左手保持不变，右手从腹前向上画弧至左胸前，搭于左手手肘内侧。两腿微屈，右手从左胸前向上画弧至脸前，同时左手下捋至左胯外侧。

身体向右转，左脚向后撤步，脚尖着地；右腿微屈，重心在右腿上。同时右手经脸前向右画弧，手掌心向前；左手顺势翻掌画弧至腹前。

右手停于身体右侧，手腕与肩同高；左手经腹前向上画弧至右胸前，搭于右手下。左手向上画弧至脸前，右手向下画弧至大腿外侧。

## 16 转体画弧

右手手掌心向左上方。

身体转向左侧，重心左移，成左弓步；左手同时经脸前画弧停至与头部同高，右手画弧至腹前。

## 17 抬腿收脚

两膝微屈，两脚并拢站立。

右脚抬至左脚内侧，两膝微屈，两脚并拢站立；同时右手向上画弧至左胸前，搭于左肘内侧；左手立掌保持不变。

# » 第十一式　单鞭



**1 屈臂托掌**

**2 转体立掌**

两腿屈膝微蹲，右手经脸前画弧至右侧，与头部同高并立掌；同时左手向下画弧转至腹前，身体顺势转向右侧。

**3 转体画弧**

**4 翻掌勾手**

左手由腹前画弧至右胸前，搭于右手手腕下；右手立掌保持不变，与头部同高。随之右手翻掌转变为勾手。

右腿微屈，左脚向左侧迈步，脚跟着地。左脚踏实，重心左移；同时左手经脸前向左画弧平移，手掌心向侧后方，右手保持不变；身体转向左边。

上半身继续左转，重心前移；左腿屈弓，右腿绷直；同时左手翻掌向前推出；右手保持不变。

# 》第十二式　高探马

上半身稍向右转，右脚抬起放于左脚内侧，膝盖微屈；同时右手由勾手变掌，两手翻转向上，两臂平举。身体姿势不变，右臂屈肘于面部前方。

上半身后坐，重心转移至右腿上。左脚抬脚迈出，脚尖着地成虚步；同时右手经头侧向前推出，手腕与肩同高；左手顺势收至左胯旁。

# 第十三式　右蹬脚

**1 转体收手**

**2 穿掌向前**

脚跟着地，两手交叉在头前。

身体微右转，右手稍回收，左手上抬，两手交叉，腕关节相交，停于与鼻同高处。左脚向左前方迈步，脚跟着地；同时两手翻掌推出举至头前，掌心向外。

左脚踏实，重心前移；左腿屈曲，右腿蹬直，成弓步；同时两手向左右分开画弧，两臂外撑。右脚跟步收至左脚内侧，脚尖着地成虚步；同时两手回收，两手五指微张，收至腹前交叉。

## 5 两手合抱

身体下蹲后顺势起立站直；右腿屈膝抬高，同时两手举至胸前；重心在左腿上，单腿站立，保持平衡。

## 6 蹬脚展臂

## 7 屈膝合手

左腿微弯曲，右腿伸直蹬出；同时两手撑开，手掌心分别向左前、右前方；右臂与右腿几乎平行。随即收回右腿并屈膝，右脚脚尖下压；同时两臂慢慢向内侧收回，两手手掌心斜向上；身体保持平衡。

# » 第十四式　双峰贯耳

重心向下，身体稍向右转，右脚向前方落下，脚跟着地；同时两臂屈肘回收至胯部两侧，变拳。

右脚踏实，重心逐渐前移；同时两拳上抬画弧至身体两侧，与肩齐平。上半身前倾，成弓步；两拳由身体两侧向前推出画弧，停至头部前方，拳心向下。

# » 第十五式　左蹬脚

左腿屈膝后坐，右腿绷直。右脚脚跟着地向左扭转（45~60 度），带动身体向左转；同时两臂保持不变带动两拳转向左侧。

右脚踏实，两腿屈膝；同时两拳从头前向左右侧画弧分开，松拳变掌。身体左转，同时左脚收回至右脚内侧，脚尖着地成虚步；两手由外向内画弧收于腹前交叉，手掌心向上。

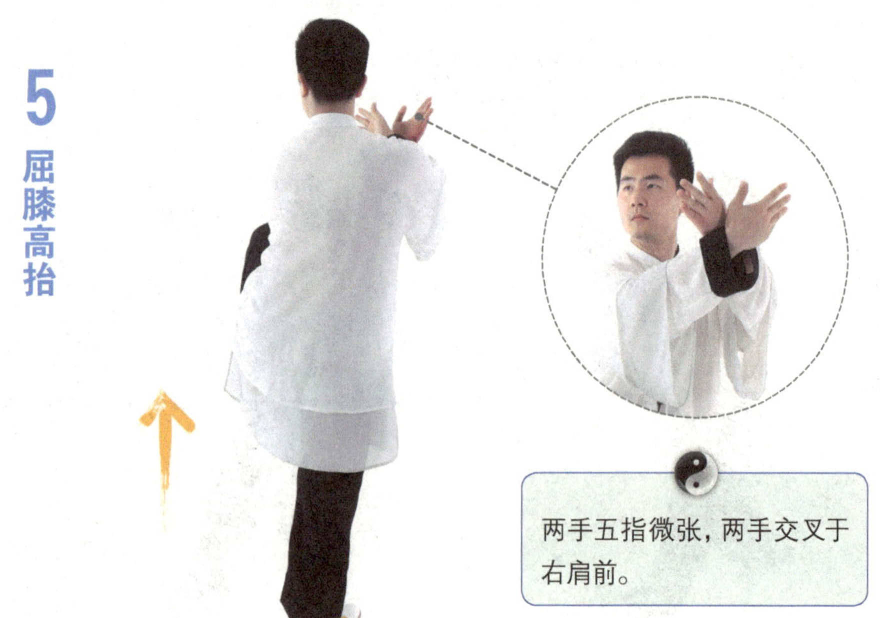


左腿屈膝抬高，脚尖向下；重心在右腿上，保持平稳；同时五指微张，两手举至右肩前；重心在右腿上，单腿站立，保持平衡。

左脚上抬，脚跟用力向前方蹬出，绷直；同时两手从右肩前向左右两旁画弧打开。左手撑掌与左腿几乎平行，右手撑掌与头部同高；随即左腿屈膝收回，上半身保持不变。

## 》第十六式 左下势独立

左脚收至右脚内侧，上半身稍向右转；右臂内合，右手转为勾手；左手画弧搭于右前臂内侧。右腿屈膝半蹲，左腿沿地面向左侧开步，成弓步。

左腿向左伸直，右腿屈膝全蹲，成仆步，重心向下；左手画弧至腹前，指尖向上；右手保持勾手不变。上半身转向左侧，同时左手由腹前沿左腿内侧向左穿出，下落于左脚脚踝旁；眼看左手，右手保持勾手不变。

重心左移，左腿屈膝前弓；左手上抬送出身前，右手勾手后旋。重心向左，右腿自然蹬直，恢复至弓步高度；左手继续向前并向上挑起，右臂扭转，背于身后，勾尖朝上。

上半身向左转，左腿屈曲，右腿绷直，成弓步；左手回收画弧至胸前。右臂向下，垂直于身侧，变勾手为掌。

## 8 左独立步

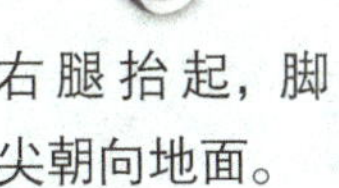


身体缓缓上升，左手下落，向左胯处画弧，右手画弧至腹前；重心前移，同时右腿屈膝前抬，脚尖自然下垂；左腿微弯曲独立支撑，成左独立步。

## 9 提膝挑掌

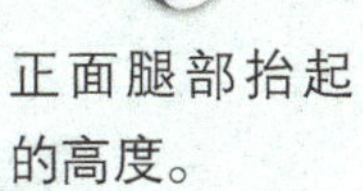

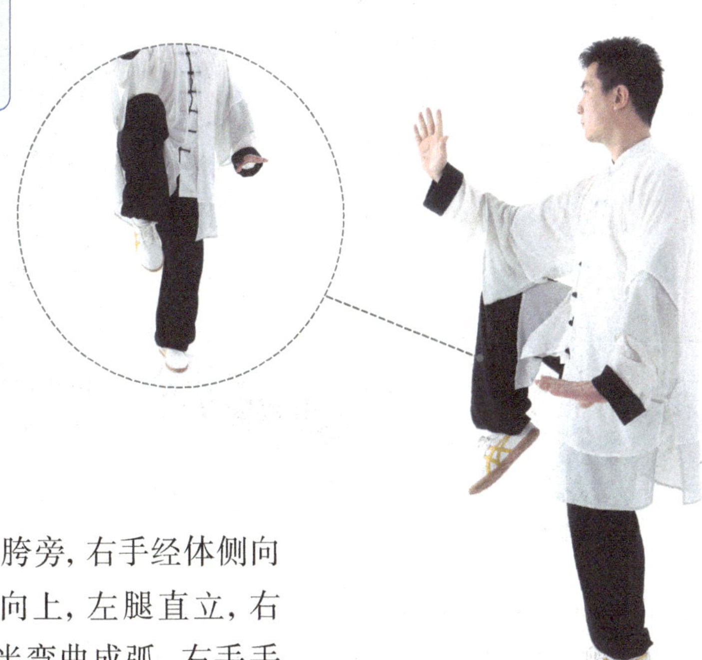

左手下落于左胯旁，右手经体侧向前挑起，指尖向上，左腿直立，右腿抬高，右臂半弯曲成弧，右手手肘与右膝上下相对。眼看右手。

# » 第十七式　右下势独立

**1 落脚**

**2 转体**

右脚落于左脚内侧，脚尖着地，随即踏实；两腿微弯曲，两手保持不变。左脚以脚跟为轴转向左边，上半身顺势向左转回。

上半身继续向左转，同时左手变勾手举于身体左侧，与肩同高；右手经脸前平移至左臂内侧。上半身继续转向左边，同时左腿下蹲，右脚抬起沿地面向右侧伸出，全脚踏实伸直，转成仆步。

上半身转向右侧，同时右手下移至腹前，手掌心向左，左手保持不变；此时重心在左腿上。左腿屈膝前弓，右脚脚尖外撇；右手由腹前向右前方穿出，手掌心向前，左手保持勾手不变。

缓缓起身，左臂向下，右臂向上；右腿屈膝，此时重心移向右腿上，成弓步。右臂抬至与肩同高，手掌心向前，左臂扭转，勾尖向上。

## 9 弓步画弧

左腿微屈膝，脚跟离地。左臂伸直，然后缓缓下落垂于体侧，勾手变掌；右手回收画弧至胸前。

## 10 抬腿起身

## 11 提膝挑掌

左腿屈膝前抬，脚尖自然向下；右腿微弯曲，左手经体侧向前挑起，右手下落于右胯旁；左腿抬高，右腿独立支撑，成右独立步。左臂半弯曲成弧，肘关节与左膝上下相对。眼看左手。

# » 第十八式 左右穿梭



1 屈膝迈步

右手位置。

2 屈膝抱球

左脚向左前方迈步，脚跟着地，右腿屈蹲，上半身保持不变。左脚踏实，右脚上前，两腿屈膝，同时左手屈肘于胸前翻掌向下，右手翻掌向上；两手手掌心相对，成抱球状。

上半身右转，右脚抬脚迈出，脚跟着地；同时右手经脸前画弧托掌，前伸高于头部，左手按至左胯旁。上半身继续右转，右脚踏实，身体微前倾。同时右手翻掌，两臂架推。

上半身继续右转，重心前移成弓步，两掌向前推出。左腿屈膝，重心后移，而后身体顺势后倾；右手向下画弧，两手平伸于胸前。

左脚跟步收至右脚内侧，脚尖点地；同时右臂屈肘画弧至胸前，左手翻掌至腹前，两手成抱球状。左脚向前跨步，脚跟着地；同时左右手分别向左上、右下画弧撑开，左手高于头部上托，右手按至右胯旁。

## 9 弓步翻掌

重心前移，左脚踏实，成弓步；左手翻掌上举，架于头部左上方，右手向上画弧至胸前。

## 10 弓步推掌

右手立掌推出。

上半身微向左转，身体前倾，重心向前；同时右手向前推至体前，与鼻同高；左手翻掌上托。

# 第十九式　海底针

1 跟步落脚

2 转体屈坐

重心移至左腿上，右脚向前跟进半步，至距离左脚一只脚长度处，脚尖落地，两手保持不变。接着右脚踏实，重心后移，右手经体前向下画弧至腹前；左手画弧回收至右手旁。

3 抬脚屈腿

4 转体插掌

上半身稍向右转，两手向下滑至腹前。右手屈肘向上停至面部右前方，下肢保持不变，左脚脚跟抬起，成左虚步。

## 5 抬脚画弧

左腿屈膝抬起，脚尖朝下，左手经左膝前搂过，按至大腿前方。右手保持不变。

## 6 落脚插掌

脚成左虚步。

左脚迈出，脚尖落地，成左虚步；下弯腰，左手画弧放至左胯旁，右手向下插。

## 第二十式　闪通背

1 抬手收脚

2 屈臂架掌

左腿屈膝，脚尖点地，上半身挺直；同时右手上举至面前，左手屈臂收举，指尖贴近右臂内侧。左脚抬起后向前迈步，脚跟着地，上半身微右转，右臂架掌。

3 迈步屈弓

4 弓步推掌

左脚慢慢踏实，重心前移，成弓步。同时左手由上至下向前推，左手推至体前，与鼻同高，右手撑于头顶上放平。

## 》第二十一式　搬拦捶

重心右移，身体右转；同时右手向下画弧至与头部同高，两臂平举与肩齐平。右腿弯曲，左腿自然蹬直，成弓步。右脚收至左脚内侧，脚尖着地；同时左手画弧向上架掌，右手收拳至腹前。

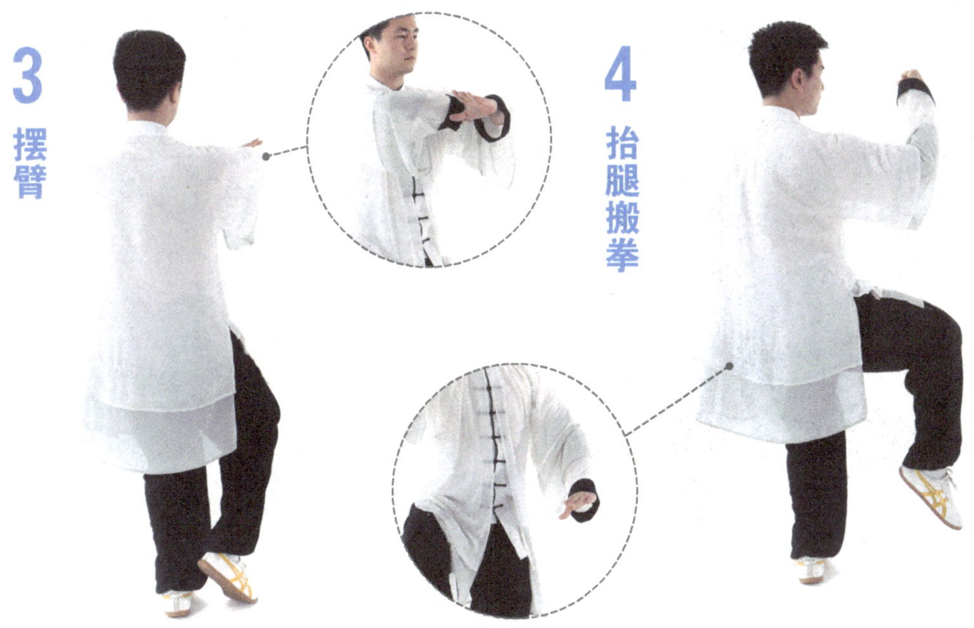


左手画弧至胸前，右手握拳由下向上至胸前，拳在内侧，掌在外侧。身体右转，右脚抬起，同时右拳向外搬，左手向下画弧。

左手落于左胯旁，手掌心向下，右手落于手腕与肩同高处；右腿落地，右脚脚尖翘起，右脚以脚跟为轴向右扭转（45~60 度），带动身体向右转动。右脚踏实，重心移至右腿上；同时右拳翻转向下。

身体向右转动，同时左手随身体扭转向上，手掌心向下；左脚上前，身体重心在右腿上，保持平稳。右臂悬臂向外画弧，左臂平伸与肩同高。

左脚上步，脚跟着地；左手顺势变为立掌，向前推出；右拳同时收至右胯旁，拳心向内。左脚踏实屈膝，重心下移，同时左掌收回，右拳使力冲至胸前。

左手搭于右手肘关节。

重心前移，左腿屈曲，右腿绷直，成弓步。右拳由胸前向前打出，拳心向左，拳眼向上，左手立掌搭于右肘。

# » 第二十二式 如封似闭

左手翻转向上，从右前臂下向前穿出。待左手行至右手手背时，右拳变掌，两手交叉；随后两手分开，伸于体前。

翻掌后，手腕大致位于上腹前。

右腿弯曲，身体重心后移，左脚脚尖翘起；同时两臂屈收至胸前。随后重心前探，手掌心朝前向前推掌，推至两臂伸直。右腿顺势蹬直，左腿屈弓踏实。

# » 第二十三式 十字手

上半身右转，右臂向右摆动，随着右臂打开右腿弯曲，左右脚随着身体的转动顺势向右扭转；右手向右摆至身体右侧，与左手成侧平举状，两臂微屈，手掌心向外；右腿屈曲，左腿自然伸直，成弓步。

身体回正下蹲，右脚回转到与左脚平行的位置，同时两手向下收拢，在腹前十字交叉，手掌心翻转向上。身体缓缓站起，两臂上抬至胸前，同时右脚回撤至两脚距离与肩同宽。

# 第二十四式 收势

1 交叉搭手

左手在上，右手在下。

2 两臂前伸

两手翻掌交叉搭于正前方，两膝弯曲，两脚相距与肩同宽。两臂向两侧打开，手掌心向下，与肩同高，两眼平视前方。

3 两手下落

4 下落至腹前

两臂带动两手立掌向前缓缓下落。同时身体慢慢站起，两手落于腹前，保持上半身直立，眼睛目视前方。

**5**

**两臂下垂**

两臂徐徐下垂，两手落于大腿外侧，同时身体站直。两眼平视前方，重心微右移。

**7**

**收腿**

**8**

**还原**

左脚轻轻抬起至右脚内侧，与右脚并拢，前脚掌先着地。随之全脚踏实，恢复成预备姿势，两眼平视前方。